Jens Poschadel

BALD SCHON GROSS – JETZT
NOCH KLEIN

Tierkinder in voller Lebensgröße

KOSMOS

INHALT

TAGPFAUENAUGE

GEBURT:	SCHLÜPFT AUS DEM EI
SCHLUPFLÄNGE:	3 MM
BEI VERPUPPUNG:	38 BIS 42 MM
SCHLUPFGEWICHT:	2 BIS 3 MG
GESCHWISTERZAHL:	49 BIS 199
BABYNAHRUNG:	BRENNNESSELBLÄTTER
DAUER DER KINDHEIT:	4 WOCHEN BIS ZUR VERPUPPUNG

EIN FRESSMASCHINCHEN AUF STUMMELBEINEN

DIE SCHMETTERLINGSRAUPE

Es ist wie Zauberei: Eine unscheinbare, dicke Raupe verwandelt sich in einen schillernd bunten Schmetterling. Aus einem stets und ständig hungrigen Fressmaschinchen auf Stummelbeinen entsteht ein buntes Flattertier. Der Falter saugt Nektar mit seinem zentimeterlangen Rüssel, er ist ein Wesen der Leichtigkeit. Die ganze Arbeit macht die Raupe. Sie frisst und wächst. Wechselt die zu klein gewordene Haut und frisst wieder, um weiter zu wachsen. Ist die Brennnessel kahl gefressen, sucht sie eine neue und beginnt von vorn. Ist die Raupe endlich dick genug, verpuppt sie sich. In ihrer Puppenhülle verwandelt sie sich und schlüpft dann als ein vollkommen anderes Tier.

DIE KAULQUAPPE

Kaulquappen wimmeln zeitig im Frühjahr durch Teiche und Tümpel. Sie schlüpfen aus Eiern, der Laich genannt wird. Hast du schon einmal Kaulquappen gefangen? Dann weißt du, wie sie sich anfühlen. Ganz weich, als hätten sie gar keine Knochen. Kaulquappen haben einen Schwanz, mit dem sie schwimmen. Und sie besitzen Kiemen, mit denen sie im Wasser atmen können. Sie sind für das Leben in ihrem nassen Zuhause bestens ausgerüstet. Doch nach und nach entwickeln sich die Hinterbeine, dann die Vorderbeine. Der Schwanz schrumpft allmählich und statt der Kiemen wächst ihnen eine Lunge. Schließlich gehen sie an Land und leben dort als Frösche.

3 bis 4 Wochen

6 Wochen

8 Wochen

1 Woche

10 Wochen

GRASFROSCH

GEBURT:	SCHLÜPFT AUS DEM EI
SCHLUPFLÄNGE:	6 BIS 9 MM
VOR UMWANDLUNG:	42 BIS 45 MM
SCHLUPFGEWICHT:	10 BIS 15 MG
GESCHWISTERZAHL:	1000 BIS 3000
BABYNAHRUNG:	ALGEN, ABGESTORBENE PFLANZEN UND TIERE
DAUER DER KINDHEIT:	BIS ZUR UMWANDLUNG 10 BIS 12 WOCHEN

Ich bin erst einen Tag alt!

KOMMT MIT PANZER AUF DIE WELT

DER SCHILDKRÖTEN-SCHLÜPFLING

Sobald ein Schildkrötenbaby aus dem Ei schlüpft, ist es auf sich allein gestellt. Seine Mutter hat viele Wochen zuvor ihre Eier im warmen Sand eingegraben. Glaub es oder nicht: Mehr tun die meisten Schildkrötenmamas nicht für ihre Nachkommen. Zum Glück hat das Schildkrötenkind einen harten Panzer. Darin versteckt es sich bei Gefahr. Die kleine Schildkröte hat viele Feinde, die sie fressen wollen. Wie alle kleinen Schildkrötenkinder weiß sie direkt nach dem Schlüpfen bereits, was sie fressen darf und was lieber nicht. Nach dem Schlupf ernährt sie sich noch einige Zeit von den Resten des Dottersacks.

GRIECHISCHE LANDSCHILDKRÖTE

GEBURT:	SCHLÜPFT AUS DEM EI
SCHLUPFLÄNGE:	4 BIS 6 CM
SCHLUPFGEWICHT:	30 BIS 450 G

GESCHWISTERZAHL:	2 BIS 13
BABYNAHRUNG:	GRÄSER, KRÄUTER, BEEREN, BLÄTTER
DAUER DER KINDHEIT:	SOFORT SELBSTSTÄNDIG

DAS KROKODILBABY

Uff, das ist eine anstrengende Arbeit für ein Krokodilbaby. Sobald es schlüpfen will, muss es sich erst einmal aus der harten Eischale befreien. Anschließend buddelt es sich durch einige Zentimeter Erde und Kompost. Oft hilft die Krokodilmutter den Jungtieren bei dieser schweren Arbeit. Sie trägt ihre Kinder an das nächste Gewässer. Im riesigen Maul der Mutter sehen die Minikrokodile winzig und zerbrechlich aus. Im Wasser bewacht die Mama ihre Jungen noch einige Wochen lang. Anfangs müssen die Krokodilkinder noch nichts fressen, sie ernähren sich vom restlichen Eidotter, den sie in einem Sack am Bauch mit sich herumtragen.

Ich bin schon zwei Wochen alt!

MISSISSIPPI-ALLIGATOR

GEBURT:	SCHLÜPFT AUS DEM EI
SCHLUPFLÄNGE:	20 BIS 26 CM
SCHLUPFGEWICHT:	30 BIS 50 G
GESCHWISTERZAHL:	19 BIS 69
BABYNAHRUNG:	DOTTERSACK, FISCHE, INSEKTEN, AMPHIBIEN, KREBSTIERE, WÜRMER
DAUER DER KINDHEIT:	1 BIS 5 MONATE

HAUSHUHN

GEBURT:	SCHLÜPFT AUS DEM EI
SCHLUPFLÄNGE:	5 BIS 6 CM
SCHLUPFGEWICHT:	35 BIS 45 G
GESCHWISTERZAHL:	10 BIS 14
BABYNAHRUNG:	SAMEN, GRÄSER, WÜRMER, SCHNECKEN, INSEKTEN
DAUER DER KINDHEIT:	3 BIS 4 WOCHEN

Ich bin erst zwei Tage alt!

KAUM GESCHLÜPFT, SCHON FLITZT ES LOS
DAS HÜHNERKÜKEN

Die Hühnermama macht sich nicht viel Mühe, ein gemütliches Nest zu bauen. Ihre Küken verlassen es bereits wenige Stunden nach dem Schlüpfen. Ihre Beinchen sind zwar noch wackelig, aber Hühnerküken sind sehr neugierig. Sie picken an allem herum und prüfen, ob es essbar ist. Die Hühnermutter nennt man auch Glucke. Sie passt gut auf ihre Kinder auf. Abends und bei Gefahr schlüpfen alle Geschwister unter die starken Flügel der Mama. Weißt du, woran Hühnerküken ihre Mutter erkennen? Sie ist das erste Lebewesen, das sie auf der Welt begrüßt. Wenn du Hühnereier ausbrütest, halten die Küken dich für ihre Mama. Oder deine Katze. Je nachdem, wen sie als Erstes sehen.

DAS ENTENKÜKEN

Kannst du dir das vorstellen: Du schlüpfst morgens aus deinem Ei. Dann lernst du deine Mama und Geschwister kennen und trocknest deine feuchten Federn noch kurz in der Sonne. Und schon am Abend gehst du das erste Mal schwimmen! Für ein Entenküken ist das ganz normal.

Deshalb wird es auch Nestflüchter genannt. Zum Abendbrot frisst es, was die Entenmutter ihm zeigt. Vielleicht eine Schnecke oder ein paar leckere Algen. In den folgenden Tagen lernt das Entenkind alles, was es zum Überleben wissen muss. Und es wächst sehr schnell. Acht Wochen nach dem Schlüpfen kann das Entenküken bereits fliegen. Nun ist es fast erwachsen.

STOCKENTE

GEBURT:	SCHLÜPFT AUS DEM EI
SCHLUPFLÄNGE:	6 BIS 8 CM
SCHLUPFGEWICHT:	50 BIS 80 G
GESCHWISTERZAHL:	4 BIS 14
BABYNAHRUNG:	WASSERPFLANZEN, SAMEN, FRÜCHTE, WÜRMER, SCHNECKEN, INSEKTENLARVEN, KAULQUAPPEN, KREBSTIERE, FISCHE
DAUER DER KINDHEIT:	7 BIS 8 WOCHEN

Ich bin erst zwei Tage alt!

DAS SEESCHWALBENKÜKEN

Du solltest gut aufpassen, wo du hintrittst, wenn du im Frühjahr am Meeresstrand oder an einem steinigen Flussufer spazieren gehst. Vor allem wenn eine Seeschwalbe dicht über deinen Kopf hinwegfliegt. Oder dir im Flug sogar an den Haaren zieht. Die Seeschwalbenmutter hat einen guten Grund dafür. Wahrscheinlich liegt irgendwo im Kies ihr Küken. Das Seeschwalbenküken ist kaum zu entdecken. Es ist getupft und sieht genau wie der Kies aus. Still liegt es am Boden und bewegt sich kein bisschen. Das alles hat die Natur so eingerichtet, damit die Seeschwalbenküken nicht von Feinden wie Möwen, Greifvögeln oder Füchsen entdeckt und gefressen werden.

SEESCHWALBE

GEBURT:	SCHLÜPFT AUS DEM EI
SCHLUPFLÄNGE:	5 BIS 6 CM
SCHLUPFGEWICHT:	50 BIS 60 G
GESCHWISTERZAHL:	0 BIS 2
BABYNAHRUNG:	FISCHE
DAUER DER KINDHEIT:	30 TAGE

Ich bin erst drei Tage alt!

Ich bin schon drei Wochen alt!

WILDKANINCHEN

GEBURT:	ALS SÄUGLING
GEBURTSLÄNGE:	3 BIS 4 CM
GEBURTSGEWICHT:	40 BIS 50 G
GESCHWISTERZAHL:	1 BIS 8
BABYNAHRUNG:	MUTTERMILCH
DAUER DER KINDHEIT:	3 BIS 5 MONATE

WUSELIGE GROSSFAMILIE IN KUSCHELIGER ERDHÖHLE

DAS KANINCHENKIND

Das Kaninchenkind wird in einer kuschelig gepolsterten Erdhöhle geboren. Die hat seine Mutter selbst gegraben. Die Höhle liegt etwas abseits von den Wohnhöhlen der Kaninchen-Großfamilie. Den Eingang der Höhle verschließt die Mutter mit Gras und Erde. Das alles tut sie, um nicht von Räubern oder der neugierigen Verwandtschaft gestört zu werden. Die Kaninchenbabys sind bei der Geburt nackt und blind. Sie brauchen viel Ruhe, Muttermilch und die Wärme ihrer Mutter. Kaninchenkinder wachsen schnell und werden bereits nach wenigen Wochen vollkommen selbstständig. Bis dahin lernen sie von ihrer Mutter und den Verwandten alles, was sie zum Überleben wissen müssen.

Ich bin schon sechs Wochen alt!

DAS PINGUINKÜKEN

Es gibt viele Orte auf der Welt, an denen ein Vogel aus dem Ei schlüpfen kann. Die Pinguine haben sich dafür einen der kältesten ausgesucht: die Antarktis. So bezeichnet man die eisbedeckte Gegend rund um den Südpol der Erde. Beim Brüten wechseln sich die Pinguin-Eltern ab. Sie haben eine Hautfalte am Bauch, in der sie das Ei warm halten. Ist das Küken geschlüpft, holen die Eltern abwechselnd Fische für die ganze Familie aus dem Meer. Dazu müssen sie oft sehr weit laufen, weil sie nicht fliegen können. Die Pinguin-küken müssen dann lange hungern. Dabei können sie über die Hälfte ihres Gewichtes verlieren.

KAISERPINGUIN

GEBURT:	SCHLÜPFT AUS DEM EI
SCHLUPFLÄNGE:	15 BIS 22 CM
SCHLUPFGEWICHT:	200 BIS 250 G
GESCHWISTERZAHL:	0 BIS 1
BABYNAHRUNG:	FISCHE, KRILL, TINTENFISCHE
DAUER DER KINDHEIT:	6 BIS 9 MONATE

DAS MEERSCHWEINCHEN-BABY

Ursprünglich stammen Hausmeerschweinchen aus Südamerika. Spanische Seefahrer brachten sie einst nach Europa. Meerschweinchen erhielten ihren Namen, weil sie manchmal quieken und über das Meer nach Europa gelangten. Heute gibt es viele unterschiedlich aussehende Rassen. Meerschweinchenbabys sind Nestflüchter. Sie kommen mit Fell und offenen Augen zur Welt. Bereits wenige Stunden nach der Geburt knabbern sie an Heu oder Blättern herum. Zusätzlich brauchen sie natürlich Muttermilch, um groß und stark zu werden. Und sie brauchen dringend ihre Familie um sich herum. Manchmal sterben allein gehaltene Meerschweinchen sogar an den Folgen der Einsamkeit.

Ich bin erst zehn Tage alt!

ROSETTENMEERSCHWEINCHEN

GEBURT:	ALS SÄUGLING
GEBURTSLÄNGE:	6 BIS 10 CM
GEBURTSGEWICHT:	60 BIS 120 G
GESCHWISTERZAHL:	0 BIS 6
BABYNAHRUNG:	MUTTERMILCH, GRAS, BLÄTTER, SAMEN
DAUER DER KINDHEIT:	4 BIS 6 WOCHEN

KLEINER ALLESFRESSER MIT SEHR GESCHICKTEN HÄNDEN
DAS WASCHBÄRENKIND

Hast du eine Ahnung, woher der kleine Waschbär seinen Namen hat? Ist er sehr sauber oder wäscht er sein Futter? Natürlich nicht. Der Waschbär ist ein Allesfresser. Er mag Obst, Gemüse, Fleisch, Fisch, Eier, Pilze und was sich sonst noch fressen lässt. Einiges an Futter sucht er im Wasser. Zum Beispiel unter Steinen oder im Schlamm. Und wenn er das tut, sieht es tatsächlich so aus, als würde er sich die Hände waschen. Dass der Waschbär sehr

geschickte Vorderpfoten hat, fiel bereits den nordamerikanischen Ureinwohnern auf. Ihr Name für den Waschbär war »der alles in seine Hände nimmt«. Tagsüber ziehen sich die nachtaktiven Kleinbären am liebsten in eine Baumhöhle zurück.

Ich bin schon einen Monat alt!

WASCHBÄR

GEBURT:	ALS SÄUGLING
GEBURTSLÄNGE:	8 BIS 11 CM
GEBURTSGEWICHT:	65 BIS 75 G
GESCHWISTERZAHL:	1 BIS 4
BABYNAHRUNG:	MUTTERMILCH
DAUER DER KINDHEIT:	5 BIS 7 MONATE

EURASISCHER FISCHOTTER

GEBURT:	ALS SÄUGLING
GEBURTSLÄNGE:	12 BIS 15 CM
GEBURTSGEWICHT:	80 BIS 100 G
GESCHWISTERZAHL:	0 BIS 4
BABYNAHRUNG:	MUTTERMILCH
DAUER DER KINDHEIT:	12 BIS 14 MONATE

Ich bin erst zwei Wochen alt!

SCHWIMMMEISTER MIT DEM DICHTESTEN FELL DER WELT

DAS OTTERKIND

Eigentlich ist der Fischotter ein Landtier. Aber er kann richtig gut schwimmen und tauchen. Sein langer Schwanz und die Häute zwischen seinen Zehen helfen ihm dabei. Außerdem ist der Fischotter besonders beweglich. Er jagt und fängt unter Wasser flinke, glitschige Fische. Sein Fell ist so dicht, dass seine Haut beim Schwimmen nicht nass wird. Deshalb friert er nicht einmal im Winter, wenn er nach Fischen taucht. Fischotterkinder sind bei der Geburt blind und hilflos. Ihr Fell ist erst nach etwa sechs Wochen dicht genug für erste Schwimmversuche. Würden Otterkinder vorher ins Wasser gehen, würden sie so stark auskühlen, dass sie daran sterben könnten.

ERST MUTTERMILCH, DANN MÄUSEHAPPEN!

DER FUCHSWELPE

Der Fuchs gilt als ein sehr kluges Tier. In manchen Geschichten ist er auch listig. Das mag daran liegen, dass erwachsene Füchse manchmal heimlich eine Ente vom Bauernhof stibitzen. Fuchswelpen sehen eher hilflos und tapsig aus. Wie die meisten Säugetierkinder öffnen sie erst nach einigen Tagen ihre Augen. Die Fuchsmutter oder Fähe bringt ihre Jungen meist in einer Höhle zur Welt. Der Rüde, also der Fuchspapa, füttert die Fähe.

Die Fuchsmutter bleibt bei den Babys. Sie säugt die Fuchswelpen und hält sie warm. Ältere Fuchskinder werden von ihren Eltern schon mit Mäusen gefüttert. Mäuse sind die Lieblingsnahrung der Füchse.

ROTFUCHS

GEBURT:	ALS SÄUGLING
GEBURTSLÄNGE:	6 BIS 8 CM
GEBURTSGEWICHT:	80 BIS 100 G
GESCHWISTERZAHL:	2 BIS 5
BABYNAHRUNG:	MUTTERMILCH
DAUER DER KINDHEIT:	8 BIS 10 MONATE

Ich bin schon einen Monat alt!

ZIEMLICH NEUGIERIG UND GAR NICHT DUMM

DAS FERKEL

Du weißt bestimmt, dass man die Babys von Hausschweinen Ferkel nennt.
Und wie heißen die Eltern? Den Papa nennt man Eber, die Mutter Sau.
Hausschweine stammen von den Wildschweinen ab. Der Mensch hat
sie gezüchtet, damit sie ihm sehr viel schmackhaftes Fleisch liefern.
Die meisten Ferkel sind eigentlich rosa. Aber sie wühlen gern mit ihrer
Nase im Boden. Noch lieber wälzen sie sich komplett im Schlamm.
Das ist gut gegen fiese Plagegeister wie Mücken, Flöhe und Milben.
Dabei werden sie natürlich schmutzig. Deshalb wird »Schwein«,
»Sau« oder »Ferkel« oft als Schimpfwort benutzt.

HAUSSCHWEIN

GEBURT:	ALS SÄUGLING
GEBURTSLÄNGE:	30 BIS 38 CM
GEBURTSGEWICHT:	12 BIS 18 KG
GESCHWISTERZAHL:	4 BIS 14
BABYNAHRUNG:	MUTTERMILCH
DAUER DER KINDHEIT:	6 BIS 14 MONATE

Ich bin schon zwei Wochen alt!

Ich bin schon drei Wochen alt!

BRAUNBRUSTIGEL

GEBURT:	ALS SÄUGLING
GEBURTSLÄNGE:	3 BIS 5 CM
GEBURTSGEWICHT:	12 BIS 25 G
GESCHWISTERZAHL:	0 BIS 10
BABYNAHRUNG:	MUTTERMILCH
DAUER DER KINDHEIT:	6 BIS 8 WOCHEN

PIEKST BEIM KUSCHELN

DAS IGELBABY

Die ungefähr 100 Stacheln der neugeborenen Igelbabys sind zunächst noch weich. Damit sie ihre Mutter bei der Geburt nicht verletzen. Die kleinen Igel sind bei der Geburt blind. Erst nach etwa zwei bis drei Wochen öffnen sie ihre Augen. Dann werden auch ihre Stacheln hart und pieksig. Die Igelmutter baut sich für die Geburt ein kuscheliges Nest. Sie säugt die Igelbabys etwa sechs bis acht Wochen lang. Während der ersten Lebenswochen der kleinen Stachelkugeln ist es sehr wichtig, dass ihre Mutter sie stets warm hält. Sie könnten sonst auskühlen und erfrieren. Drei Wochen nach der Geburt verlassen Igelkinder auf der Suche nach Futter ab und zu die Höhle.

Ich bin erst zwei Wochen alt!

HAUSZIEGE

GEBURT:	ALS SÄUGLING
GEBURTSLÄNGE:	40 BIS 55 CM
GEBURTSGEWICHT:	2 BIS 4,5 KG
GESCHWISTERZAHL:	0 BIS 2
BABYNAHRUNG:	MUTTERMILCH
DAUER DER KINDHEIT:	3 BIS 4 MONATE

HAT IMMER ETWAS ZU MECKERN!

DAS ZICKLEIN

Die vielen unterschiedlichen Rassen unserer Haus-ziegen stammen von verschiedenen Wildziegen ab. Die meisten Wildziegen leben im Gebirge. Sie müssen gut klettern können, um dort zu überle-ben. Das erklärt vielleicht, warum die Zick-lein im Streichelzoo beim Füttern so gern an dir heraufklettern möchten. Ziegenkitze stehen schon kurze Zeit nach der Geburt auf eigenen Beinchen. Sie sind einige Wochen lang auf die Muttermilch ange-wiesen. Nebenher knabbern sie jedoch bald schon an Blättern, Grashalmen und Kräutern. So-bald sie erwachsen werden, bekommen alle Ziegenkinder Hörner. Die Hörner der Böcke werden lang und schwer, die der Weibchen oder Geißen bleiben kleiner und leichter.

SEIN URURUROPA IST DER WOLF

DER HUNDEWELPE

Es gibt weltweit etwa 800 Hunderassen. Das sind unterschiedlich aus-sehende Arten von Hunden. Alle Rassen stammen vom Wolf ab. Hättest du das gewusst? Beim Schäferhund fällt es leicht, das zu verstehen. Aber auch der Chihuahua und der Chinesische Schopfhund sind Nach-kommen des Wolfes. Viele Rassen werden für die Jagd genutzt, andere als Hütehunde, Schoßhunde, Rettungshunde und Familienhunde. Die Hundekinder heißen Welpen. Welpen sind – je nach Rasse – sehr unter-schiedlich groß und schwer. Fast alle Menschen finden Hundewelpen süß. Weil sie uns mit ihrer Stupsnase und den großen Augen an Menschenbabys erinnern.

GOLDEN RETRIEVER

GEBURT:	ALS SÄUGLING
GEBURTSLÄNGE:	24 BIS 30 CM
GEBURTSGEWICHT:	350 BIS 500 G
GESCHWISTERZAHL:	2 BIS 10
BABYNAHRUNG:	MUTTERMILCH
DAUER DER KINDHEIT:	6 BIS 12 MONATE

DAS KÄTZCHEN

Es gibt wohl nur wenige Menschen, die kleinen Kätzchen widerstehen können. Das liegt sicher daran, dass ihr Fell so weich und kuschelig ist. Und dass sie so niedlich maunzen. Den Großteil des Tages verschlafen Katzenkinder. Fast den ganzen Rest der Zeit spielen sie. Die Augen der neugeborenen Katzenbabys sind anfangs geschlossen. Sie öffnen sich nach etwa einer Woche. Um groß und stark zu werden, trinken sie die nahrhafte Muttermilch. Die Katzenmutter muss ihre Jungen auch warm halten. Ohne die Körperwärme ihrer Mutter würden junge Katzenbabys erfrieren. Deswegen kuscheln sie sich oft und gern an ihre Mama.

Wir sind erst drei Wochen alt!

EUROPÄISCH KURZHAAR

GEBURT:	ALS SÄUGLING
GEBURTSLÄNGE:	4 BIS 7 CM
GEBURTSGEWICHT:	70 BIS 140 G
GESCHWISTERZAHL:	1 BIS 6, SELTEN BIS 9
BABYNAHRUNG:	MUTTERMILCH
DAUER DER KINDHEIT:	6 BIS 8 MONATE

DAS LUCHSJUNGE

Der Luchs ist unsere größte heimische Wildkatze. Früher lebte er in ganz Europa. Doch er braucht große ungestörte Wälder, und die gibt es in vielen Teilen Europas nicht mehr. Luchsbabys sind die ersten zwei Wochen ihres Lebens blind. Sobald sie sehen können, erkunden die jungen Luchse ihre Umgebung. Sie spielen viel und lernen dabei das Jagen. Das ist sehr wichtig für ihr späteres Leben. Die Luchsmutter kümmert sich allein um den Nachwuchs. Sie säugt die Luchskinder und bietet ihnen bereits nach vier Wochen Fleisch zum Fressen an. Nach fünf Monaten säugt sie die Jungluchse nicht mehr. Die bleiben noch ein paar weitere Monate bei ihrer Mutter, um das Jagen zu lernen.

EURASISCHER LUCHS

GEBURT:	ALS SÄUGLING
GEBURTSLÄNGE:	12 BIS 15 CM
GEBURTSGEWICHT:	250 BIS 300 G
GESCHWISTERZAHL:	1 BIS 4
BABYNAHRUNG:	MUTTERMILCH, NACH 4 WOCHEN AUCH FLEISCH
DAUER DER KINDHEIT:	10 BIS 12 MONATE

Ich bin schon vier Wochen alt!

Ich bin erst zwei Wochen alt!

KATTA

GEBURT:	ALS SÄUGLING
GEBURTSLÄNGE:	9 BIS 12 CM
GEBURTSGEWICHT:	65 BIS 75 G
GESCHWISTERZAHL:	0 BIS 1
BABYNAHRUNG:	MUTTERMILCH
DAUER DER KINDHEIT:	4 BIS 5 MONATE

KLETTERMAX MIT RINGELSCHWANZ
DAS KATTAKIND

Das Kattajunge sieht richtig neugierig aus. Findest du nicht auch? Das mag an seinen besonders großen Augen liegen. Die Kattas gehören zu den Lemuren. Das sind kleine Äffchen. Kattas leben nur auf der Insel Madagaskar. Sie sind tagaktiv und fressen gern Obst und Blätter. Aber auch kleine Tiere. Neugeborene Kattababys halten sich am Fell ihrer Mütter fest. Später reiten sie auf deren Rücken. Bereits sehr junge Kattas können sich mit einer großen Zahl unterschiedlicher Töne und Geräusche unterhalten. Die Chefs einer Katta-Großfamilie sind immer Weibchen. Sie bestimmen, was die Familie macht und wo sie nach Futter sucht.

Ich bin schon fast zwei Monate alt!

KOALA

GEBURT:	ALS SÄUGLING
GEBURTSLÄNGE:	1,5 BIS 2 CM
GEBURTSGEWICHT:	1 BIS 2 G
GESCHWISTERZAHL:	0, SEHR SELTEN 1
BABYNAHRUNG:	MUTTERMILCH UND PAPP
DAUER DER KINDHEIT:	12 BIS 18 MONATE

DAS KOALA- JUNGE

Stell dir vor, deine Eltern röchen ständig nach Hustenbonbons. Dem Koalajungen geht das so! Ausgewachsene Koalas fressen nämlich am liebsten die Blätter von Eukalyptus-Bäumen. Koalas leben in Australien. Sie sind nachtaktiv und verbringen die meiste Zeit ihres Lebens auf Bäumen. Gemütlich in einer Astgabel hockend, bringt die Koalamutter ihr Kind zur Welt. Das Neugeborene ist winzig klein, blind, und vollkommen nackt. Das ist bei allen Beuteltieren so. Im Bauchbeutel der Mutter trinkt das Koalajunge die ersten fünf Monate seines Lebens nur Milch. Anschließend füttert die Mutter ihr Baby zusätzlich mit Papp. Das ist wie Babybrei aus einem speziellen Kot, den die Mutter selbst erzeugt.

DAS BONOBOBABY

Das Bonobobaby lebt mit seiner Großfamilie im tropischen Regenwald mitten in Afrika. Die ersten Monate seines Lebens klammert es sich am Fell seiner Mutter fest. Später reitet es oft auf dem Rücken der Bonobomutter. Dann fängt es auch an, neben der Muttermilch Früchte, Blätter und Insekten zu naschen. Das Bonobokind bleibt etwa vier Jahre bei seiner Mutter. Erst dann ist es selbstständig und erfahren genug, um für sich allein zu sorgen. Bonobos gehören zu den Menschenaffen.

So werden Affenarten genannt, die eng mit dem Menschen verwandt sind. Bonobos sind mit den Schimpansen verwandt und wie diese sehr intelligent.

BONOBO

GEBURT:	ALS SÄUGLING	GESCHWISTERZAHL:	0, SELTEN 1
GEBURTSLÄNGE:	30 BIS 40 CM	BABYNAHRUNG:	MUTTERMILCH
GEBURTSGEWICHT:	12 BIS 18 KG	DAUER DER KINDHEIT:	4 JAHRE

Ich bin schon zwei Monate alt!

DAS TIGERJUNGE

Kannst du das glauben? Unser tapsiges Tigerchen wird einmal die größte Wildkatze der Erde sein. Es wird von den Menschen in Asien »König des Dschungels« genannt werden. Noch trägt seine Mutter es meist herum, weil das kleine Tigerkind zunächst blind und auch nach einigen Wochen noch ziemlich ungeschickt ist. Die Tigermutter ist in den ersten Lebenswochen immer in seiner Nähe, um auf ihr Junges aufzupassen und es zu säugen. Sobald das Tigerjunge erwachsen ist, wird es Hirsche und Wildschweine jagen. Dann färben sich auch seine anfangs blauen Augen gelb oder orange. Die schwarzen Streifen behält das Tigerkind sein ganzes Leben lang.

AMURTIGER

GEBURT:	ALS SÄUGLING	**GESCHWISTERZAHL:**	1 BIS 4
GEBURTSLÄNGE:	50 BIS 70 CM	**BABYNAHRUNG:**	MUTTERMILCH
GEBURTSGEWICHT:	800 BIS 1600 G	**DAUER DER KINDHEIT:**	18 BIS 20 MONATE

Ich bin schon drei Wochen alt!

BRAUCHT EIN ZIEMLICH DICKES FELL
DAS EISBÄRBABY

Kannst du dir vorstellen, dass aus diesem kleinen kuscheligen Fellknäuel einmal eines der größten Raubtiere der Erde wird? Sein dichtes, warmes Fell ist lebenswichtig! Es kommt in einer der kältesten Regionen der Erde zur Welt: in der Arktis. Das ist die Gegend rund um den Nordpol. Die Eisbärmutter gräbt wenige Wochen vor der Geburt eine gemütliche kleine Höhle in den Schnee. Dort kommen mitten im Winter meist zwei etwa kaninchen-große Eisbärbabys zur Welt. Sie sind bei der Geburt noch blind und taub. Die Höhle verlässt die Eisbärfamilie erst im April. Bis dahin säugt die Eisbärmutter ihre Jungen, während sie selbst lange hungert.

EISBÄR

GEBURT:	ALS SÄUGLING
GEBURTSLÄNGE:	25 BIS 35 CM
GEBURTSGEWICHT:	400 BIS 800 G
GESCHWISTERZAHL:	0 BIS 3
BABYNAHRUNG:	MUTTERMILCH
DAUER DER KINDHEIT:	18 BIS 30 MONATE

Ich bin schon fast vier Wochen alt!

KEGELROBBE

GEBURT:	ALS SÄUGLING
GEBURTSLÄNGE:	80 BIS 100 CM
GEBURTSGEWICHT:	10 BIS 15 KG
GESCHWISTERZAHL:	0, SEHR SELTEN 1
BABYNAHRUNG:	(BESONDERS NAHRHAFTE) MUTTERMILCH
DAUER DER KINDHEIT:	5 BIS 6 WOCHEN

EIN ECHTES RIESENBABY

DAS ROBBENBABY

Du hast bestimmt schon gehört, dass Robbenbabys Heuler genannt werden. Damit sind eigentlich nur die gemeint, die ihre Mutter verloren haben. In der Natur geschieht das ab und zu. Mutterlose Robbenbabys heulen besonders laut, damit sie wiedergefunden werden. Neugeborene Robbenkinder sind schon etwa halb so groß wie die Mutter.

Dank der besonders nahrhaften Muttermilch legen sie schnell an Gewicht zu. Schon nach wenigen Wochen jagt das Robbenkind selbstständig Fische. Die Robbenmutter hört dann auf, es zu säugen. Robbenbabys kommen fast immer als Einzelkinder zur Welt. Das ist gut so, denn mehr als ein Junges könnten die Mütter nicht ernähren.

Ich bin erst zwei Tage alt!

BILDNACHWEIS & IMPRESSUM

S. 26 (Tigermutter mit Jungem) Alexander Zhiltsov/fotolia; S. 10 (Hühnerküken), 14 (Kaninchenkind) Antolii/fotolia; S. 18 (Fuchskind) cyno club/fotolia; S. 11 (Stockentenküken) Denis Nata/fotolia; S.6 (Raupe), S. 7 (Kaulquappe, Kaulquappe mit Bein, Frosch mit Schwanz, Frosch klein 01, Frosch klein 02), S. 8 (Schildkröte neben Ei), S. 12 (Seeschwalbenküken), S.14 (Kaninchen), S. 16, 17 (Otterkind) Eric Isselée/fotolia; S. 19, 20 (Igel groß), S. 22 (Hund groß), S. 30 (Kattajunges), S. 31, 32, 33, 34 Eric Isselée/shutterstock; S. 7 (Frosch groß) Vitalii Hulai/fotolia; S. 22 (Welpe und Kätzchen) Ermolaev Alexandr/fotolia; S. 29 (Luchskind) Farinoza/fotolia; S. 9 (Krokodiljungtier) fivespots/fotolia; S. 6 (Raupe/Puppe), (Puppe/schlüpfender Schmetterling), (Schmetterling auf Puppe), (Tagpfauenauge fliegend) Geza Farkas/fotolia; S. 27 (Kegelrobbenkind) nightsphotos/fotolia; S. 13 (Pinguin groß) robert harding/fotolia; S. 32 (Bonobo groß) Uryadmikov Sergey/fotolia; S. 27 (Tigerkind) Anankaewkhammul/shutterstock; S. 20 (Igelkind) ANP/shutterstock; S. 35 (Eisbär groß) Belovodchenko Anton/shutterstock; S. 28 (Luchs groß) Bildagentur Zoonar/shutterstock; S. 9 (Krokodil aus Ei) catchlight lens/shutterstock; S. 10 (Huhn groß) cynoclub/shutterstock; S. 17 (Ottermutter) David Litman/shutterstock; S. 21 (Ziege groß) DDPhotography/shutterstock; S. 24 (Schwein groß) Helga Chirk/shutterstock; S. 23 (Katze groß) Leonidovic/shutterstock; S. 30 (Katta groß) Natalia Paklina/shutterstock; S. 36 (Kegelrobbe groß) nightsphotos/shutterstock; S. 8 (Schildkröte groß) Oleg Kozlov/shutterstock; S. 15 (Meerschweinchenkind) Richard Peterson/shutterstock; S. 13 (Pinguinküken) Roger Clark ARPS/shutterstock; S. 15 (Meerschweinchen groß) Rosa Jay/shutterstock; S. 11 (Stockente) taviphoto/shutterstock; S. 24 (Ferkel) Tsekhmister/shutterstock; S. 12 (Seeschwalbe) Vladimir Kogan Michael/shutterstock.

Umschlaggestaltung von Andrea Köhrsen unter Verwendung folgender Bilder: (Ente) anatolii/fotolia; (Raupe) abet/fotolia; (Kätzchen) Eric Isselée/fotolia; (Schildkröte) seasoning_17/shutterstock; (Ferkel) photomaster/shutterstock; (Kaninchen) Olhastock/shutterstock; (Katta) Eric Isselée/shutterstock

Unser gesamtes lieferbares Programm und viele weitere Informationen zu unseren Büchern, Spielen, Experimentierkästen, DVDs, Autoren und Aktivitäten findest du unter **kosmos.de**

Gedruckt auf chlorfrei gebleichtem Papier

© 2018, Franckh-Kosmos Verlags-GmbH & Co. KG, Stuttgart
Alle Rechte vorbehalten
ISBN: 978-3-440-15905-7
Redaktion: Teresa Baethmann
Layout & Satz: Andrea Köhrsen, Kiel
Idee & Produktion: Verena Schmynec
Druck und Bindung: Print Consult GmbH, München
Printed in Slovakia / Imprimé en Slovaquie